JN450329

KIWY 청소년 성경공부 시즌 쓰리 ❶ 교리탐구 플러스(학생용)

하.나.님.과. 믿.음.의. 교.제. 다.져.가.기.

KIWY 청소년 성경공부 학생용

KIWY 청소년 성경공부 시즌 쓰리 1 교리탐구+ (학생용)

하나님과 믿음의 관계 다져가기

시즌 쓰리 1

좋은씨앗

키위 청소년 성경공부 시즌 쓰리 ❶ 교리탐구 플러스(학생용)

하나님과 믿음의 교제 다져가기

초판 1쇄 발행_ 2013년 12월 3일
초판 4쇄 발행_ 2024년 3월 23일

지은이_ 이재욱
펴낸이_ 신은철
펴낸곳_ 좋은씨앗
출판등록_ 제4-385호(1999.12.21)
주소_ 서울시 서초구 바우뫼로 156, MJ 빌딩 402호
주문전화_ 02-2057-3041 주문팩스_ 02-2057-3042
페이스북_ facebook.com/goodseedbook
이메일_ good-seed21@hanmail.net

ISBN 978-89-5874-178-7 04230
ISBN 978-89-5874-161-9 (세트)

책머리에

신앙 인격이 형성되는 청소년기는 체계적인 성경 교육이 무엇보다 중요한 시기입니다. 그러나 안타깝게도 현장의 공과 교육은 그야말로 말라죽기 직전의 상황처럼 보입니다. 어떤 특정한 프로그램이나 교재가 이러한 상황을 한 번에 뒤집어놓을 수 있다고 여기는 것은 대단히 어리석은 일일 것입니다. 신앙 교육의 근간은 하나님의 은혜 안에 견고하게 뿌리내린 교육자들입니다. 그래서 하나님께서 교회에 사도와 선지자, 복음 전하는 자, 목사와 교사를 주셨다고 성경은 말합니다(엡 4:11). 그러므로 청소년 목회자와 교사들의 부단한 인내와 인고의 열정이 이 땅의 청소년들을 다시 일으키는 가장 중요한 밑거름이 될 것입니다.

교재는 그들이 손에 쥔 도구입니다. 도구는 얼마나 크고 화려하며 강한 것이냐가 아니라 손에 얼마나 알맞은 것이냐가 중요합니다. 다윗의 손에 잘 맞는 돌멩이 하나가 골리앗을 쓰러뜨리기에 수많은 칼이나 창보다 적합했듯이 말입니다. 〈*KIWY* 청소년 성경공부〉 시리즈는 책상이 아니라 현장에서 나온 교재입니다. 어떻게 하면 하나님의 귀한 말씀을 아이들에게 잘 먹일 수 있을지 오랜 시간 고민한 현장 사역자들의 수고가 담긴 교재입니다. 오랜 시간 동안 장인의 손으로 매만진 도구입니다.

이 교재를 집어든 현장 동역자들이 손에 딱 맞는, 그래서 내 몸의 일부처럼 움직일 수 있는 편안한 도구를 만나는 반가움을 경험할 수 있다면, 저희 집필진들에게 더할 나위 없는 기쁨이 될 것입니다. 부디 여러분과 이 돌멩이가 함께 난공불락처럼 보이는 신앙교육에 대한 여러 도전들을 격파하는 귀한 하나님의 도구가 되기를 간절히 기도합니다.

_ 이재욱 목사

KIWY 청소년성경공부 목표

- 청소년을 전인적 그리스도인으로 교육하고자 합니다.
- 공과만 충실하게 해도 학습, 세례, 입교 교육이 충분히 될 만큼 교리적, 실천적으로 균형 있는 신앙관을 제공합니다.
- 보다 쉽고 친근하게 주제에 다가갈 수 있도록 구성했습니다.
- 부족한 시간과 시설 때문에 고민하는 현장 교사들의 상황을 고려하며 대안을 제시합니다.

KIWY 청소년성경공부 구성

본 교재는 교리탐구, 경건생활, 사회생활, 인물탐구 네 분야를 1년 48주에 걸쳐 3년 동안 교육하도록 구성되어 있습니다. 각 권은 12주 과정입니다. 선택적으로 사용할 수 있는 특별과정 교재 1권이 따로 제공됩니다.

- **교리탐구** - 그리스도인이라면 반드시 숙지해야 할 기본교리를 살펴보며 하나님과 나에 대해 알아갑니다.
- **경건생활** - 그리스도인으로서 추구해야 할 경건을 배우고 익히며 실천하도록 독려합니다.
- **사회생활** - 청소년 그리스도인들이 세상에서 부딪히는, 또 앞으로 부딪힐 필수적인 실천 주제들에 대해 성경적인 관점을 확고하게 정립합니다.
- **인물탐구** - 성경의 주요 인물을 성경의 큰 흐름에 따라 살펴보며 하나님이 어떻게 각 사람의 인생에 개입해 큰 그림을 만들어가시는지 배웁니다.
- **특별과정** - 개 교회의 주요 행사 및 절기에 맞는 공과 진행을 돕습니다.

* 자세한 커리큘럼은 www.gsbooks.org를 참고해주세요!

KIWY 청소년성경공부 특징

하나! 공과 교재가 쉽다

공과 반은 다양한 수준의 학생들이 모여 있으므로 공과는 누구나 쉽게 접근할 수 있는 것이어야 합니다. 학생 수준에 따른 심화 교육은 리더훈련이나 제자훈련 같은 별도의 양육과정에서 하는 것이 바람직합니다.

둘! 길거나 복잡하지 않다

현장의 공과 환경은 공과를 오래 끌기에 무리가 많습니다. 적어도 30분 안에 끝낼 수 있도록 교재를 쉽고 단순하게 구성했고, 성경 본문을 별도로 찾을 필요가 없도록 문제와 함께 제시합니다.

셋! 다양한 주제들을 다룬다

쉽고 단순해도 청소년 시기에 분명히 다루어야 할 주제들을 교리탐구, 경건생활, 사회생활, 인물탐구 분야별로 풍성하게 다룹니다.

넷! 말씀 중심이다

분명한 말씀 전달 없이 주제 하나 놓고 어영부영 자기 생각만 나누다가 공과를 끝내서는 안 됩니다. 말씀만큼은 주입식 교육이 확실하게 이루어져야 합니다. 믿음은 '들음'에서 오지 '토론'에서 오지 않습니다.

다섯! 주제가 명료하다

귀납식 탐구 학습은 그 나름대로 장점이 있으나 현장의 제한된 환경에서 시행하기에는 다소 무리가 있습니다. 본 교재는 본문에서 얻는 교훈을 단순화해 적어도 한 가지 주제만은 분명하게 기억하도록 돕습니다.

여섯! 구체적인 실천 과제를 제시한다

공과가 생활 속 실천으로 이어지도록 구체적인 과제를 제시하고, 이를 통해 교사가 학생들을 주중에 심방하도록 구성했습니다.

일곱! 시선을 사로잡는다

한 눈에 들어오고 청소년들의 취향에 적합한 디자인이 되도록 노력했고, 학습 의욕을 북돋는 삽화와 만화를 도입부에 수록했습니다.

C.O.N.T.E.N.T.S

session **01** _계시

어떻게 하나님을 알 수 있나요?

창세로부터 그의 보이지 아니하는 것들 곧 그의 영원하신
능력과 신성이 그가 만드신 만물에 분명히 보여 알려졌나니
그러므로 그들이 핑계하지 못할지니라(롬 1:20).

OPEN MIND 오픈마인드

멋진 영화나 드라마를 보거나 아름다운 음악을 듣거나 좋은 물건을 사용하면서, 도대체 이걸 누가 만들었는지 궁금했던 적이 있나요?

1. 인간은 무엇을 통해 하나님을 분명하게 알 수 있습니까?(시 19:1, 롬 1:20)

시편 19:1 하늘이 하나님의 영광을 선포하고 궁창이 그의 손으로 하신 일을 나타내는도다.

로마서 1:20 창세로부터 그의 보이지 아니하는 것들 곧 그의 영원하신 능력과 신성이 그가 만드신 만물에 분명히 보여 알려졌나니 그러므로 그들이 핑계하지 못할지니라.

2. 그런데 왜 많은 사람들은 하나님이 창조하신 자연 세계를 통해 하나님을 알지 못합니까?(롬 1:21-23)

로마서 1:21-23 [21] 하나님을 알되 하나님을 영화롭게도 아니하며 감사하지도 아니하고 오히려 그 생각이 허망하여지며 미련한 마음이 어두워졌나니 [22] 스스로 지혜 있다 하나 어리석게 되어 [23] 썩어지지 아니하는 하나님의 영광을 썩어질 사람과 새와 짐승과 기어다니는 동물 모양의 우상으로 바꾸었느니라.

3. 눈이 어두워진 인간을 위해 하나님은 무엇을 통해 구체적으로 자신을 드러내셨습니까?(딤후 3:14-17)

디모데후서 3:14-17 14 그러나 너는 배우고 확신한 일에 거하라 너는 네가 누구에게서 배운 것을
알며 15 또 어려서부터 성경을 알았나니 성경은 능히 너로 하여금 그리스도 예수 안에 있는 믿음
으로 말미암아 구원에 이르는 지혜가 있게 하느니라 16 모든 성경은 하나님의 감동으로 된 것으
로 교훈과 책망과 바르게 함과 의로 교육하기에 유익하니 또는 영감 또는 징계 17 이는 하나님의
사람으로 온전하게 하며 모든 선한 일을 행할 능력을 갖추게 하려 함이라.

핵심만 콕콕!

하나님이 창조하신 모든 세계는 하나님을 증거하고 있습니다. 그러나 사람은 죄 때문에 눈이 어두워져 그 사실을 잘 보지 못합니다. 하나님은 죄인인 인간이 하나님을 정확히 알 수 있도록 성경 말씀을 계시로 주셨습니다.

OPEN LIFE 오픈라이프

나눔 장엄한 풍경이나 일출, 일몰, 밤하늘 등 대자연을 보면서 하나님에 대해 생각해본 적이 있다면 얘기해보세요.

실천 아래 두 찬송가의 가사를 깊이 생각하면서 부르거나 들어봅시다. 그리고 한 주 동안 각각의 찬송에 어울리는 사진을 한번 찍어보세요(예로 든 것 외에 각자 상상력을 발휘해보세요).

1) '주 하나님 지으신 모든 세계' - 예 : 저녁노을, 길가에 핀 꽃, 밤하늘 등

2) '달고 오묘한 그 말씀' - 예 : 성경, 감동받은 성경구절, 말씀을 실천하는 광경 등

저녁노을, 풀 한 포기에서도 세심하게 하나님의 손길을 느끼고 기뻐하며 찬양하기 원합니다. 하늘을 올려다볼 때마다 창조주 하나님에 대해 생각해볼 수 있는 여유와 믿음을 잃지 않게 해주세요.

session **02** _특별계시

성경은 어떤 책인가요?

먼저 알 것은 성경의 모든 예언은 사사로이 풀 것이 아니니
예언은 언제든지 사람의 뜻으로 낸 것이 아니요 오직 성령의
감동하심을 받은 사람들이 하나님께 받아 말한 것임이라(벧후 1:20-21).

OPEN MIND 오픈마인드

성경에 대해 얼마나 알고 있나요? 생각나는 대로 한 가지씩 얘기해보세요.

1. 성경은 누가, 어떻게 쓴 책입니까?(벧후 1:20-21)

베드로후서 1:20-21 [20] 먼저 알 것은 성경의 모든 예언은 사사로이 풀 것이 아니니 [21] 예언은 언제든지 사람의 뜻으로 낸 것이 아니요 오직 성령의 감동하심을 받은 사람들이 하나님께 받아 말한 것임이라.

2. 구약에 기록된 내용은 무엇입니까?(창 1:1, 롬 5:12, 1:2)

창세기 1:1 태초에 하나님이 천지를 창조하시니라.

로마서 5:12 그러므로 한 사람으로 말미암아 죄가 세상에 들어오고 죄로 말미암아 사망이 들어왔나니 이와 같이 모든 사람이 죄를 지었으므로 사망이 모든 사람에게 이르렀느니라.

로마서 1:2 이 복음은 하나님이 선지자들을 통하여 그의 아들에 관하여 성경에 미리 약속하신 것이라.

3. 신약에 기록된 내용은 무엇입니까?(히 1:1-2, 요 3:16, 딤후 1:13-14, 계 22:20)

히브리서 1:1-2 [1] 옛적에 선지자들을 통하여 여러 부분과 여러 모양으로 우리 조상들에게 말씀하신 하나님이 [2] 이 모든 날 마지막에는 아들을 통하여 우리에게 말씀하셨으니 이 아들을 만유의 상속자로 세우시고 또 그로 말미암아 모든 세계를 지으셨느니라.

요한복음 3:16 하나님이 세상을 이처럼 사랑하사 독생자를 주셨으니 이는 그를 믿는 자마다 멸망하지 않고 영생을 얻게 하려 하심이라.

디모데후서 1:13-14 [13] 너는 그리스도 예수 안에 있는 믿음과 사랑으로써 내게 들은 바 바른 말을 본받아 지키고 [14] 우리 안에 거하시는 성령으로 말미암아 네게 부탁한 아름다운 것을 지키라.

요한계시록 22:20 이것들을 증언하신 이가 이르시되 내가 진실로 속히 오리라 하시거늘 아멘 주 예수여 오시옵소서.

핵심만 콕콕!

성경은 하나님의 감동을 입은 사람들이 하나님께 말씀을 받아 기록한 책입니다. 성경은 구약과 신약으로 나뉘는데 구약에는 창조와 죄, 구원의 약속이, 신약에는 약속대로 오신 구원자 예수님과 예수님을 믿는 사람들이 지켜야 할 삶의 교훈, 다시 오실 예수님에 대한 약속이 기록되어 있습니다.

OPEN LIFE 오픈라이프

나눔 '세계 최고의 베스트셀러이자 가장 읽히지 않는 책이 성경' 이라는 말을 들으면 어떤 생각이 드나요?

실천 성경이 어떤 책들로 이루어져 있는지 성경 목록가를 부르면서 익혀보세요.

성경을 통해 하나님이 어떤 분인지, 어떤 일을 하셨는지 구체적으로 알려주시니 감사합니다. 하나님의 말씀을 깊이 사랑하고 세상 어떤 지식보다 귀하게 여기며 알아가는 일에 힘쓸 수 있도록 해주세요.

session **03** _하나님의 사역

하나님은 누구신가요?

여호와의 지으심을 받고 그가 다스리시는 모든 곳에 있는 너희여
여호와를 송축하라 내 영혼아 여호와를 송축하라(시 103:22).

OPEN MIND 오픈마인드

친구나 다른 누군가를 겉모습만 보고 섣불리 판단했다가 나중에 생각했던 것과 전혀 다른 것을 알고 나서 당황했던 적이 있나요?

[1-3번] 하나님은 어떤 일을 하시는 분입니까?

1. 온 세상을 ______시고, ______시는 분이다(시 103:22, 사 45:7).

시편 103:22 여호와의 지으심을 받고 그가 다스리시는 모든 곳에 있는 너희여 여호와를 송축하라 내 영혼아 여호와를 송축하라.

이사야 45:7 나는 빛도 짓고 어둠도 창조하며 나는 평안도 짓고 환난도 창조하나니 나는 여호와라 이 모든 일들을 행하는 자니라 하였노라.

2. 유일하게 우리를 ______하시는 분이다(사 43:11).

이사야 43:11 나 곧 나는 여호와라 나 외에 구원자가 없느니라.

3. 모든 것을 ______하시는 분이다(전 12:14).

전도서 12:14 하나님은 모든 행위와 모든 은밀한 일을 선악 간에 심판하시리라.

핵심만 콕콕!

하나님은 이 세상을 창조하고 다스리시는 분입니다. 죄를 짓고 영원한 죽음의 심판 앞에 선 우리를 구원하실 수 있는 유일한 분이기도 합니다. 또한 의로우신 하나님은 온 세상을 판단하시며 모든 것을 선악 간에 심판하시는 심판주입니다.

OPEN LIFE 오픈라이프

나눔 하나님이 어떤 일을 하셨고, 또 지금 어떤 일을 하고 계시는지 관심을 가져본 적이 있나요?

실천 한 주 동안 하나님의 사역에 대해 묵상하면서 하나님이 내 곁에서 어떤 일을 하고 계시는지 세심하게 느낀 대로 적어보세요.

하나님이 저를 창조하시고 다스리고 계심을 믿습니다. 하나님만이 저의 구원자요, 심판주임을 믿습니다. 언제나 이 믿음 위에서 살아가게 해주세요.

session **04** _하나님의 특성

하나님만 가지고 계신 것

하나님이 모세에게 이르시되 나는 스스로 있는 자이니라
또 이르시되 너는 이스라엘 자손에게 이같이 이르기를
스스로 있는 자가 나를 너희에게 보내셨다 하라(출 3:14).

OPEN MIND 오픈마인드

외모나 성격 등 모든 부분을 살펴볼 때 다른 사람과 구별되는 나만의 개성은 무엇인가요?

[1-6번] 하나님만 가지고 계신 특성은 무엇입니까?

1. ___________ 계심(출 3:14)

출애굽기 3:14 하나님이 모세에게 이르시되 나는 스스로 있는 자이니라 또 이르시되 너는 이스라엘 자손에게 이같이 이르기를 스스로 있는 자가 나를 너희에게 보내셨다 하라.

2. ___________이 없으심(약 1:17)

야고보서 1:17 온갖 좋은 은사와 온전한 선물이 다 위로부터 빛들의 아버지께로부터 내려오나니 그는 변함도 없으시고 회전하는 그림자도 없으시니라.

3. ___________하심(삼하 22:31)

사무엘하 22:31 하나님의 도는 완전하고 여호와의 말씀은 진실하니 그는 자기에게 피하는 모든 자에게 방패시로다.

4. ___________하심(신 33:27)

신명기 33:27 영원하신 하나님이 네 처소가 되시니 그의 영원하신 팔이 네 아래에 있도다 그가 네 앞에서 대적을 쫓으시며 멸하라 하시도다.

5. 모든 것을 ___________(요일 3:20)

요한일서 3:20 이는 우리 마음이 혹 우리를 책망할 일이 있어도 하나님은 우리 마음보다 크시고 모든 것을 아시기 때문이라.

6. ___________하심(시 50:1)

시편 50:1 전능하신 이 여호와 하나님께서 말씀하사 해 돋는 데서부터 지는 데까지 세상을 부르셨도다.

핵심만 콕콕!

창조주 하나님은 모든 피조물들과는 분명히 구분되는 특성을 가지고 계십니다. 하나님은 스스로 계시고, 변함없으시며, 완전하시고, 영원하십니다. 또한 전지전능하십니다. 우리는 이러한 하나님을 언제나 믿고 의지하며 따를 수 있습니다.

OPEN LIFE 오픈라이프

나눔 오늘 공부한 하나님의 여섯 가지 특성 중에서 가장 받아들이기 힘든 것이 있다면 무엇인가요? 그 이유도 얘기해보세요.

예 : 스스로 계심 – "그러면 하나님은 누가 만들었나요?"

변함없으심 – "하나님은 왜 어떤 때는 잘해주시는 것 같다가 어떤 때는 그렇지 않나요?"

전능하심 – "전 세계 사람이 한꺼번에 기도하면 하나님이 어떻게 들으시나요?"

실천 하나님의 특성들은 우리가 얼마나 하나님을 믿고 의지할 수 있는가를 보여줍니다. 한 주를 지내면서 마음이 흔들리거나 어려울 때마다 오늘 배운 특성을 생각하며 하나님께 의지하는 기도를 드려보세요.

스스로 계신 하나님, 변함없으신 하나님, 완전하시고, 영원하시며, 전지전능하신 하나님이 저의 아버지 되심을 감사드립니다. 제 마음이 흔들리고 약해질 때마다 하나님을 온전히 믿고 의지할 수 있게 해주세요.

session **05** _하나님의 성품

하나님도 성격이 있으시다?

나는 너희의 하나님이 되려고 너희를 애굽 땅에서 인도하여 낸 여호와라
내가 거룩하니 너희도 거룩할지어다(레 11:45).

OPEN MIND 오픈마인드

누워서 자는 모습만 봐도 대략 성격이 나타난다고 하는데, 스스로 생각하는 자신의 성격을 간략하게 설명해보세요.

1. 우리에게 성격/성품이 있듯 하나님께도 성격/성품이 있습니다. 어떤 성품입니까?

1) 하나님은 __________하시다(레 11:45).

레위기 11:45 나는 너희의 하나님이 되려고 너희를 애굽 땅에서 인도하여 낸 여호와라 내가 거룩하니 너희도 거룩할지어다.

2) 하나님은 __________시다(계 16:7)

요한계시록 16:7 또 내가 들으니 제단이 말하기를 그러하다 주 하나님 곧 전능하신 이시여 심판하시는 것이 참되시고 의로우시도다 하더라.

3) 하나님은 __________하시다(시 146:6).

시편 146:6 여호와는 천지와 바다와 그 중의 만물을 지으시며 영원히 진실함을 지키시며,

4) 하나님은 __________하시다(시 34:8).

시편 34:8 너희는 여호와의 선하심을 맛보아 알지어다 그에게 피하는 자는 복이 있도다.

5) 하나님은 __________이시다(요일 4:7-8)

요한일서 4:7-8 7 사랑하는 자들아 우리가 서로 사랑하자 사랑은 하나님께 속한 것이니 사랑하는 자마다 하나님으로부터 나서 하나님을 알고 8 사랑하지 아니하는 자는 하나님을 알지 못하나니 이는 하나님은 사랑이심이라.

2. 우리가 하나님의 성품을 알아야 하는 이유는 무엇입니까?(마 5:48, 눅 6:36)

마태복음 5:48 그러므로 하늘에 계신 너희 아버지의 온전하심과 같이 너희도 온전하라.

누가복음 6:36 너희 아버지의 자비로우심 같이 너희도 자비로운 자가 되라.

핵심만 콕콕!

하나님과 깊이 사귀려면 그분의 성품을 알아야 합니다. 하나님은 거룩하고 의로우며 진실하고 선하십니다. 무엇보다 사랑 그 자체이십니다. 하나님은 우리가 당신의 성품을 닮아가기를 원하십니다.

OPEN LIFE 오픈라이프

나눔 하나님의 성품 중에서 나와 가장 거리가 멀다고 생각되는 것은 무엇인가요? 왜 그렇게 생각하나요?

실천 한 주간 하나님의 성품을 닮아가기 위해 어떻게 노력할지 생각하고 실천에 옮겨보세요.

하나님의 성품	나의 노력
하나님의 거룩성	
하나님의 의로우심	
하나님의 진실하심	
하나님의 선하심	
하나님의 사랑하심	

거룩하고 의롭고 진실하고 선하시며 사랑 많으신 하나님, 주님의 자녀답게 주님의 성품을 따라 살아갈 수 있게 해주세요. 당장 변화가 보이지 않는다 해도 실망하지 않고 계속해서 닮아가는 삶을 살도록 도와주세요.

session **06** _하나님의 위격

삼위일체, 셋이 하나 되는 신비!

주 예수 그리스도의 은혜와 하나님의 사랑과
성령의 교통하심이 너희 무리와 함께 있을지어다(고후 13:13).

OPEN MIND 오픈**마인드**

고대 7대 불가사의 건축물

현존하는 것은 피라미드뿐!!

이집트 기자의 피라미드 높이 146.5m, 저변 230m. 2.5톤의 돌 230만 개가 쓰인 세계 최대 석조건물.

바빌론의 공중정원 계단식 테라스에 만든 옥상정원. 유프라테스 강물을 펌프로 끌어올려 물을 댔다고 함.

올림피아의 제우스 신상 그리스 조각가 페이디아스 작품. 12m 높이. 시더 목(木)으로 만든 뒤 흑단, 상아, 금, 보석으로 장식함.

로도스 섬의 콜로서스 로도스 항구에 서 있던 태양신 '헬리오스 청동상'. 높이 36m. BC 224년 지진으로 붕괴되었다고 함.

에페소스의 아르테미스 신전 거대한 크기(55×110m)뿐만 아니라 신전을 장식한 웅장하고 화려한 예술품으로 유명함.

마우솔로스의 영묘 BC 351년경 건축. 크고 화려한 영묘의 대명사로 불림. 당대의 뛰어난 건축 기술이 총동원 됨. 125m 둘레.

알렉산드리아의 파로스 등대 BC 280년경 건축. 높이 135m 이상. 우아한 위용. 이후 세워진 모든 등대의 원형이 됨.

위의 건축물 중 호기심이 생기거나 실물로 보고 싶은 것은 무엇인가요?

1. 하나님은 몇 분입니까?(딤전 6:15)

디모데전서 6:15 기약이 이르면 하나님이 그의 나타나심을 보이시리니 하나님은 복되시고 유일하신 주권자이시며 만왕의 왕이시며 만주의 주시요.

2. 하나님은 신비한 분입니다. 하나님의 신비 중에 대표적인 것이 바로 '삼위일체'라는 속성인데, 이것은 하나님은 '완전한 한 분이며, 또한 완전한 세 분'이라는 뜻입니다. 하나님은 어떻게 세 분이 되십니까?(마 28:19, 고후 13:13)

마태복음 28:19 그러므로 너희는 가서 모든 민족을 제자로 삼아 아버지와 아들과 성령의 이름으로 세례를 베풀고,

고린도후서 13:13 주 예수 그리스도의 은혜와 하나님의 사랑과 성령의 교통하심이 너희 무리와 함께 있을지어다.

3. 세 분 하나님은 본질이 동일하고 능력과 영광이 같지만 위격으로는 구별됩니다. 세 분 하나님은 각기 어떤 관계에 있습니까?

1) 하나님 아버지는 그 __________을 보내신다(요 1:18, 3:17).

요한복음 1:18 본래 하나님을 본 사람이 없으되 아버지 품 속에 있는 독생하신 하나님이 나타내셨느니라.

요한복음 3:17 하나님이 그 아들을 세상에 보내신 것은 세상을 심판하려 하심이 아니요 그로 말미암아 세상이 구원을 받게 하려 하심이라.

2) 아버지 하나님과 아들 하나님은 __________ 하나님을 보내신다 (요 15:26).

요한복음 15:26 내가 아버지께로부터 너희에게 보낼 보혜사 곧 아버지께로부터 나오시는 진리의 성령이 오실 때에 그가 나를 증언하실 것이요.

핵심만 콕콕!

성부 하나님, 성자 하나님, 성령 하나님은 삼위일체로서 본질적으로 완전한 한 분인 동시에 완전한 세 분입니다. 성부는 성자를 보내셨고, 성부와 성자는 성령을 보내셨습니다. 이것은 놀라운 신비로서 우리의 머리로 온전히 이해할 수 없고 오직 믿음으로 받아들일 수 있는 진리입니다.

OPEN LIFE 오픈라이프

나눔 신앙생활을 하면서 삼위일체와 같이 이해하기 힘들거나 평소에 궁금했던 다른 질문들이 있나요?

실천 하나님을 더욱 깊이 알아가기 위해 구체적으로 할 수 있는 일은 무엇일까요? 아래에 적고 실천에 옮겨보세요.

예 : 설교 말씀 더 집중해서 듣기 혹은 기록해서 정리하기, 성경공부반에 등록하기 등

성부와 성자, 성령 삼위일체의 하나님을 믿습니다. 다 알지 못해도 하나님을 믿는 마음을 주시니 감사합니다. 늘 바른 믿음 위에 설 수 있도록 바른 진리를 배우고자 애쓰는 하나님의 자녀가 되게 해주세요.

session **07** _죄

나도 죄인이라는 피할 수 없는 사실

모든 사람이 죄를 범하였으매 하나님의 영광에 이르지 못하더니(롬 3:23).

OPEN MIND 오픈**마인드**

'죄인' 이라는 말을 들으면 어떤 이미지나 생각이 먼저 떠오르나요?

1. 최초의 사람 아담은 어떻게 범죄하게 되었습니까?(창 2:15-17, 3:4-6)

창세기 2:15-17 [15] 여호와 하나님이 그 사람을 이끌어 에덴 동산에 두어 그것을 경작하며 지키게 하시고 [16] 여호와 하나님이 그 사람에게 명하여 이르시되 동산 각종 나무의 열매는 네가 임의로 먹되 [17] 선악을 알게 하는 나무의 열매는 먹지 말라 네가 먹는 날에는 반드시 죽으리라 하시니라.

창세기 3:4-6 [4] 뱀이 여자에게 이르되 너희가 결코 죽지 아니하리라 [5] 너희가 그것을 먹는 날에는 너희 눈이 밝아져 하나님과 같이 되어 선악을 알 줄 하나님이 아심이니라 [6] 여자가 그 나무를 본즉 먹음직도 하고 보암직도 하고 지혜롭게 할 만큼 탐스럽기도 한 나무인지라 여자가 그 열매를 따먹고 자기와 함께 있는 남편에게도 주매 그도 먹은지라.

2. 범죄한 인류는 어떤 상태에 이르게 되었습니까?

1) 죄의 대가로 육신의 ________이 찾아왔고, 죽음 이후 영원히 형벌을 받는 ________을 피할 수 없게 되었다(롬 6:23, 계 20:13-14).

로마서 6:23 죄의 삯은 사망이요 하나님의 은사는 그리스도 예수 우리 주 안에 있는 영생이니라.

요한계시록 20:13-14 [13] 바다가 그 가운데에서 죽은 자들을 내주고 또 사망과 음부도 그 가운데에서 죽은 자들을 내주매 각 사람이 자기의 행위대로 심판을 받고 [14] 사망과 음부도 불못에 던져지니 이것은 둘째 사망 곧 불 못이라.

2) 스스로 선을 행해서는 ________을 얻을 수 없는 죄인이 되었다(롬 3:10-12).

로마서 3:10-12 [10] 기록된바 의인은 없나니 하나도 없으며 [11] 깨닫는 자도 없고 하나님을 찾는 자도 없고 [12] 다 치우쳐 함께 무익하게 되고 선을 행하는 자는 없나니 하나도 없도다.

3. 성경은 죄를 크게 원죄와 자범죄로 나눕니다. 그 둘은 어떻게 다릅니까?

1) ________에 의해 들어와 모든 사람을 지배하게 된 원죄(롬 5:12)

로마서 5:12 그러므로 한 사람으로 말미암아 죄가 세상에 들어오고 죄로 말미암아 사망이 들어왔나니 이와 같이 모든 사람이 죄를 지었으므로 사망이 모든 사람에게 이르렀느니라.

2) 우리가 행동하여 ________ 짓는 자범죄(롬 1:29-31, 3:23)

로마서 1:29-31 [29] 곧 모든 불의, 추악, 탐욕, 악의가 가득한 자요 시기, 살인, 분쟁, 사기, 악독이
가득한 자요 수군수군하는 자요 [30] 비방하는 자요 하나님께서 미워하시는 자[또는 하나님을 미워
하는 자]요 능욕하는 자요 교만한 자요 자랑하는 자요 악을 도모하는 자요 부모를 거역하는 자
요 [31] 우매한 자요 배약하는 자요 무정한 자요 무자비한 자라.

로마서 3:23 모든 사람이 죄를 범하였으매 하나님의 영광에 이르지 못하더니.

핵심만 콕콕!

최초의 인간 아담이 죄를 짓고 죄가 세상에 들어온 이후로 모든 인류는 죄 아래 있게 되었습니다. 죄 아래 있는 사람은 마음과 생각으로 죄를 짓고, 육신의 죽음과 영원한 심판을 피할 수 없게 되었습니다. 우리는 스스로 죄에서 벗어날 수 없기에 구원자가 필요합니다.

OPEN LIFE 오픈라이프

나눔 자신이 죄인이라는 생각을 해보았나요? 주로 언제 그런 생각이 드나요?

실천 로마서 1장에 나오는 죄의 종류들입니다. 어떤 것들이 있는지 살펴보고 그 뜻을 조사해보세요.

- □ 불의
- □ 하나님을 미워함
- □ 추악
- □ 능욕함
- □ 탐욕
- □ 교만함
- □ 악의가 가득함
- □ 자랑
- □ 시기
- □ 악을 도모함
- □ 살인
- □ 부모를 거역함
- □ 분쟁
- □ 우매함
- □ 사기
- □ 배약함
- □ 악독함
- □ 무정함
- □ 수군수군함
- □ 무자비함
- □ 비방함

하나님, 저는 이 많은 죄에서 도무지 스스로 빠져나올 길이 없는 죄인입니다. 불쌍히 여기시고 죄에서 건져주세요.

알쏭달쏭 가로세로 낱말풀이

1		7	8		9		11	
					10			
2	3							
	4		13		19			
					18		17	
5								
			14		15			
6					16			

가로 문제

2. 밭에 심어서 가꾸어 먹는 식물. 신선한 상태로 식용할 수 있는 잎, 뿌리, 씨앗, 줄기 등을 가리킴. 야채와 비슷한 말. 녹황색 ○○.
4. 예수님이 승천하면서 보내주겠다고 말씀하신 성령. '돕는 이'라는 뜻이 있다(학생용 49쪽, 요 14:16).
5. 찬바람이 불기 시작하면 생각나는 따끈한 ○○. 단팥이 든 게 맛있던데, 편의점에서 주로 팔지 아마…

6. 얼마 안 되는 자그마한 밭. "손바닥만한 ○○○라도 부쳐야 먹고 살지~"
7. 성부, 성자, 성령, 세 위격이 본질적으로 하나님 한 분이라는 기독교 교리(학생용 31쪽 2번 질문).

10. 일본 후쿠시마 원전 사고로 요즘 ○○○에 오염된 수산물에 대한 경계심이 아주 높아졌어요.
11. 속이 환히 비치도록 맑은 상태. ○○한 유리.
14. 아담 이후로 인류가 타고난 죄는 원죄, 태어난 후로 행동하여 스스로 짓는 죄는 ○○○(학생용 36쪽 3번의 두 번째 질문).
16. 완전한 하나님인 예수 그리스도가 인간을 구원하기 위해 인간의 몸으로 이 땅에 오신 것(학생용 39쪽 2번 질문).
18. 맑고 깨끗한 공기

세로 문제

1. 수박 속을 긁어내어 사이다나 오미자 같은 달콤한 물에 담가 시원하게 먹는 여름 음식.
3. 밀가루에 설탕, 달걀, 버터 등을 섞어 반죽하여 표면을 오톨도톨하게 구워낸 빵.
5. J. D. 샐린저의 장편소설 「○○○의 파수꾼」. 홀든 콜필드라는 16세 소년이 사회와 가정에 대해 느끼고 있는 심리를 잘 표현한 작품으로 세계적인 스테디셀러.
8. 위 점막에 상처가 생기고 헐어 피가 나기도 하는 병.
9. 분해되지 않고 몸속에 쌓여 있는 지방. 내 배와 허벅지에 특히 많은 것. ㅠ.ㅠ
11. 막힌 물체를 환히 꿰뚫어 보는 능력.
13. 영조의 아들. 일찍이 세자로 책봉되었지만 영조의 명에 따라 뒤주에서 생을 마감한 비운의 세자.

15. 죄를 짓고자 하는 본성.
17. 어느 한 분야에서 탁월한 사람을 '~의 신(神)'이라 부르는데, 공부에 뛰어난 재주를 보이는 특이한(?) 사람을 뭐라고 할까요? '먹방의 신'은 아는데… 쩝~
19. 남의 이야기, 회의 내용, 전화 통화 등을 몰래 엿듣거나 녹음하는 일. 순우리말은 '엿들음'.

session **08**_성육신

예수님, 사람이 되신 하나님

본래 하나님을 본 사람이 없으되 아버지 품속에 있는
독생하신 하나님이 나타내셨느니라(요 1:18).

OPEN MIND 오픈마인드

나보다 어린 아이를 돌보거나 함께 놀아주느라 아이의 눈높이에 맞춰서 행동해본 적이 있나요? 그때 어떤 기분이 들었나요?

1. 우리와는 비교할 수 없는 신분에 계시다가 우리 곁에 내려오신 분이 있습니다. 바로 예수님입니다. 예수님은 본래 어떤 분입니까?(요 1:18, 히 1:3)

요한복음 1:18 본래 하나님을 본 사람이 없으되 아버지 품 속에 있는 독생하신 하나님이 나타내셨느니라.

히브리서 1:3 이는 하나님의 영광의 광채시요 그 본체의 형상이시라 그의 능력의 말씀으로 만물을 붙드시며 죄를 정결하게 하는 일을 하시고 높은 곳에 계신 지극히 크신 이의 우편에 앉으셨느니라.

2. 성육신하신 예수님은 우리와 어떤 점에서 같고 어떤 점에서 다릅니까?

1) 우리와 같은 완전한 __________이다(빌 2:6-8).

빌립보서 2:6-8 [6] 그는 근본 하나님의 본체시나 하나님과 동등됨을 취할 것으로 여기지 아니하시고 [7] 오히려 자기를 비워 종의 형체를 가지사 사람들과 같이 되셨고 [8] 사람의 모양으로 나타나사 자기를 낮추시고 죽기까지 복종하셨으니 곧 십자가에 죽으심이라.

2) 그러나 __________는 없으시다(히 4:15).

히브리서 4:15 우리에게 있는 대제사장은 우리의 연약함을 동정하지 못하실 이가 아니요 모든 일에 우리와 똑같이 시험을 받으신 이로되 죄는 없으시니라.

3. 예수님이 성육신하신 이유는 무엇입니까?(요 3:16)

요한복음 3:16 하나님이 세상을 이처럼 사랑하사 독생자를 주셨으니 이는 그를 믿는 자마다 멸망하지 않고 영생을 얻게 하려 하심이라.

핵심만 콕콕!

예수님은 하나님입니다. 하나님인 예수님이 완전한 사람으로 이 땅에 오셨습니다. 예수님이 사람으로 이 땅에 오신 것은 우리 죄를 대신 지고 심판받음으로써 우리를 구원하시기 위함이었습니다.

OPEN LIFE 오픈라이프

나눔 "하나님이 인간이 되어 이 땅에 오셨다"는 말을 들으면 어떤 느낌이 드나요? 아래에 표시해보세요.

□ 대박! 대박사건	□ 쌩유~감사	□ 리얼리? 놀라움
□ 헐~	□ 슬픔	□ 언빌리버블~ 믿을 수 없음
□ 두근두근 설렘	□ 그래서?	□ 멍~ 아무 생각 없음
□ 무서움	□ 관심 없음	□ 낯선 느낌… 뭐지?
□ 가여움	□ 긴장됨	□ 화가 난다!!
□ 상쾌함	□ 뛸 듯이 기쁨	□ 기타____________

실천 우리를 위해 이 땅에 오셔서 고통당하시고 죽기까지 낮아지신 예수님의 사랑에 감사하는 마음으로 한 주 동안 나보다 연약한 친구나 이웃을 배려하고 섬기는 일을 실천해보세요.

실천했으면 표시하기! ^o^

- □
- □
- □
- □

저의 죄를 사하기 위해 이 땅에 오셔서 죽기까지 낮아지신 예수님을 본받아 저도 더욱 겸손한 마음으로 친구들을 대하고 섬길 수 있게 해주세요.

session **09** _예수님의 3중직

예수님께 맡겨진 세 가지 직분

그들이 어린 양과 더불어 싸우려니와 어린 양은 만주의 주시요
만왕의 왕이시므로 그들을 이기실 터이요 또 그와 함께 있는 자들
곧 부르심을 받고 택하심을 받은 진실한 자들도 이기리로다(계 17:14).

OPEN MIND 오픈마인드

우리에게는 많은 삶의 자리가 있습니다. 자녀, 손자, 친구, 학생, 교인, 대한민국 국민 등… 이중에서 자신에게 가장 의미 있는 자리는 무엇인가요?

[1-3번] 예수님께 맡겨진 세 가지 직분은 무엇입니까?

1. ________________(요 6:14)

요한복음 6:14 그 사람들이 예수께서 행하신 이 표적을 보고 말하되 이는 참으로 세상에 오실 그 선지자라 하더라.

2. ________________(히 8:1, 4)

히브리서 8:1, 4 [1] 지금 우리가 하는 말의 요점은 이러한 대제사장이 우리에게 있다는 것이라 그는 하늘에서 지극히 크신 이의 보좌 우편에 앉으셨으니… [4] 예수께서 만일 땅에 계셨더라면 제사장이 되지 아니하셨을 것이니 이는 율법을 따라 예물을 드리는 제사장이 있음이라.

3. ________________(요 1:29, 계 17:14)

요한복음 1:29 이튿날 요한이 예수께서 자기에게 나아오심을 보고 이르되 보라 세상 죄를 지고 가는 하나님의 어린 양이로다.

요한계시록 17:14 그들이 어린 양과 더불어 싸우려니와 어린 양은 만주의 주시요 만왕의 왕이시므로 그들을 이기실 터이요 또 그와 함께 있는 자들 곧 부르심을 받고 택하심을 받은 진실한 자들도 이기리로다.

핵심만 콕콕!

예수님은 우리의 죄를 깨우쳐주고 하나님의 뜻을 알려주시는 완전한 선지자입니다. 또한 하나님께 나아가 우리의 죄를 사해달라고 청하시는 완전한 제사장입니다. 그리고 우리의 대표로 하나님께 순종하며 하나님의 뜻대로 세상을 통치하시는 완전한 왕입니다.

OPEN LIFE 오픈라이프

나눔 예수님의 세 가지 역할, 즉 선지자, 제사장, 왕 중에서 가장 낯설게 느껴지는 것이 있다면 무엇입니까?

실천 성경에는 예수님이 이 땅에서 활동하신 일을 기록한 책이 네 권 있습니다. 마태복음, 마가복음, 누가복음, 요한복음입니다. 아래 형식에 맞춰 한 주 동안 이 책들에 대해 알아보세요.

	마태복음	마가복음	누가복음	요한복음
저자				
기록 시기				
예상 독자				
주요 내용				
그외				

죄와 말씀을 깨닫게 하시는 예수님, 우리 죄를 대속하신 예수님, 우리를 다스리시는 예수님을 믿습니다. 사복음서뿐만 아니라 제 삶에도 예수님의 자취가 또렷이 남도록 이끌어주세요.

session **10**_성령의 사역

내 안에서 일하시는 성령님

내가 아버지께로부터 너희에게 보낼 보혜사 곧 아버지께로부터 나오시는 진리의 성령이 오실 때에 그가 나를 증언하실 것이요(요 15:26).

OPEN MIND 오픈마인드

어떤 사람의 뒤를 이어 그 책임을 감당해본 적이 있나요?

1. 예수님이 이 땅에 오셔서 구원 사역을 이루셨습니다. 그 사역을 이어 구원을 우리에게 적용시키고 구원 받은 삶을 살게 하는 분은 누구입니까?(요 14:16-17, 15:26)

요한복음 14:16-17 [16] 내가 아버지께 구하겠으니 그가 또 다른 보혜사를 너희에게 주사 영원토록 너희와 함께 있게 하리니 [17] 그는 진리의 영이라 세상은 능히 그를 받지 못하나니 이는 그를 보지도 못하고 알지도 못함이라 그러나 너희는 그를 아나니 그는 너희와 함께 거하심이요 또 너희 속에 계시겠음이라.

요한복음 15:26 내가 아버지께로부터 너희에게 보낼 보혜사 곧 아버지께로부터 나오시는 진리의 성령이 오실 때에 그가 나를 증언하실 것이요.

2. 성령 하나님이 우리에게 행하시는 가장 첫 번째 일은 무엇입니까? (고전 12:3, 롬 8:9)

고린도전서 12:3 그러므로 내가 너희에게 알리노니 하나님의 영으로 말하는 자는 누구든지 예수를 저주할 자라 하지 아니하고 또 성령으로 아니하고는 누구든지 예수를 주시라 할 수 없느니라.

로마서 8:9 만일 너희 속에 하나님의 영이 거하시면 너희가 육신에 있지 아니하고 영에 있나니 누구든지 그리스도의 영이 없으면 그리스도의 사람이 아니라.

3. 성령 하나님이 우리에게 행하시는 두 번째 일은 무엇입니까?(갈 5:16, 25)

갈라디아서 5:16 내가 이르노니 너희는 성령을 따라 행하라 그리하면 육체의 욕심을 이루지 아니하리라.

갈라디아서 5:25 만일 우리가 성령으로 살면 또한 성령으로 행할지니.

[표준새번역] 우리가 성령으로 삶을 얻었으니, 우리는 성령이 인도해 주심을 따라 살아갑시다.

핵심만 콕콕!

성령 하나님은 성자 하나님인 예수님의 뒤를 이어 오셨습니다. 성령님은 말씀을 깨닫게 하여 예수님의 구원을 우리에게 적용시켜주십니다. 또한 예수님만 따라 살 수 있도록 우리를 붙들고 도우십니다.

OPEN LIFE 오픈라이프

나눔 이전에 '성령' 이라는 말을 들어본 적이 있나요? 여태까지 성령을 어떤 의미로 이해하고 있었나요?

실천 성령 하나님이 우리를 붙들고 일하시도록 하는 가장 중요한 통로는 바로 '기도' 입니다. 성령 충만하여 성령의 이끄심을 따라 살게 해 달라는 기도를 한 주 동안 매일 일정한 시간에 드려보세요.

성령 하나님이 제 안에 계심을 믿습니다. 성령님께 온전히 붙들려 성령님의 이끄심을 따라 살 수 있게 도와주세요. 인도하심에 순종하겠습니다.

session **11** _교회와 종말

교회, 마지막 시대의 소망

또 내가 네게 이르노니 너는 베드로라 내가 이 반석 위에
내 교회를 세우리니 음부의 권세가 이기지 못하리라(마 16:18).

OPEN MIND 오픈마인드

우리 교회에서 하는 일을 아는 대로 말해보세요.

1. 교회는 누가 세웠습니까?(마 16:16-18)

마태복음 16:16-18 [16] 시몬 베드로가 대답하여 이르되 주는 그리스도시요 살아 계신 하나님의 아들이시니이다 [17] 예수께서 대답하여 이르시되 바요나 시몬아 네가 복이 있도다 이를 네게 알게 한 이는 혈육이 아니요 하늘에 계신 내 아버지시니라 [18] 또 내가 네게 이르노니 너는 베드로라 내가 이 반석 위에 내 교회를 세우리니 음부의 권세가 이기지 못하리라.

2. 교회를 세운 목적은 무엇입니까?

1) 마지막 시대에 성도들을 __________하기 위해(벧전 1:5)

베드로전서 1:5 너희는 말세에 나타내기로 예비하신 구원을 얻기 위하여 믿음으로 말미암아 하나님의 능력으로 보호하심을 받았느니라.

2) 하나님의 말씀을 전하고 가르쳐 모든 민족을 __________로 삼기 위해(마 28:19-20)

마태복음 28:19-20 [19] 그러므로 너희는 가서 모든 민족을 제자로 삼아 아버지와 아들과 성령의 이름으로 세례를 베풀고 [20] 내가 너희에게 분부한 모든 것을 가르쳐 지키게 하라 볼지어다 내가 세상 끝 날까지 너희와 항상 함께 있으리라 하시니라.

3. 교회를 통해 하나님의 말씀이 모든 민족에게 전해지면 어떤 일이 일어납니까?(마 24:14)

마태복음 24:14 이 천국 복음이 모든 민족에게 증언되기 위하여 온 세상에 전파되리니 그제야 끝이 오리라.

핵심만 콕콕!

교회는 예수님이 직접 세우신 유일한 기관으로서 마지막 시대에 성도들을 구원하고 보호하는 구원 방주입니다. 교회는 예수님이 다시 오실 때까지 말씀을 전파하고 가르쳐 지키도록 해야 합니다. 세상 모든 민족에게 말씀이 전해질 때 세상이 끝난다는 점에서 교회는 마지막 시대의 소망입니다.

OPEN LIFE 오픈라이프

나눔 교회의 중요한 임무 중 하나는 말씀을 전하는 것입니다. 평소 전도하는 일에 얼마나 관심을 두고 있나요?

실천 내가 전도할 친구의 이름을 적어봅시다. 한 주 동안 그 친구를 위해 기도하며 교회로 초대해보세요.

교회를 세우시고 저를 교회로 불러주심을 감사드립니다. 교회가 마지막 시대에 진정한 소망이 될 수 있도록 더욱 힘써 복음을 전할 수 있게 해주세요.

session **12**_이단

수상한 사람들, 이상한 믿음

너희 중에도 거짓 선생들이 있으리라 그들은 멸망하게 할
이단을 가만히 끌어들여 자기들을 사신 주를 부인하고
임박한 멸망을 스스로 취하는 자들이라(벧후 2:1).

OPEN MIND 오픈마인드

사이비 종교나 이단에 대해 들어본 적이 있나요? 아는 대로 얘기해보세요(예 : 통일교, 여호와의증인, 몰몬교, 안식교, 신천지 등).

1. 이단은 아예 다른 교훈을 믿는 타 종교와는 다릅니다. 이단은 성경 말씀을 왜곡하여 성도들을 교묘하게 미혹하고 교회와 가정을 파괴합니다. 이러한 이단은 주로 어떤 특징을 갖고 있습니까?

1) 성경을 ___________풀어 왜곡한다(벧후 3:16).

베드로후서 3:16 또 그 모든 편지에도 이런 일에 관하여 말하였으되 그 중에 알기 어려운 것이 더러 있으니 무식한 자들과 굳세지 못한 자들이 다른 성경과 같이 그것도 억지로 풀다가 스스로 멸망에 이르느니라.

[표준새번역] 바울은 모든 편지에서 이런 것을 두고 말하고 있는데, 그 가운데는 알기 어려운 것이 더러 있어서, 무식하거나 믿음이 굳세지 못한 사람은, 다른 성경을 잘못 해석하듯이 그것을 잘못 해석해서, 마침내 스스로 파멸에 이르고 말 것입니다.

2) 예수님이 ___________임을 부인하거나 왜곡한다(벧후 2:1, 요일 2:22, 요이 1:7)

베드로후서 2:1 그러나 백성 가운데 또한 거짓 선지자들이 일어났었나니 이와 같이 너희 중에도 거짓 선생들이 있으리라 그들은 멸망하게 할 이단을 가만히 끌어들여 자기들을 사신 주를 부인하고 임박한 멸망을 스스로 취하는 자들이라.

요한일서 2:22 거짓말하는 자가 누구냐 예수께서 그리스도이심을 부인하는 자가 아니냐 아버지와 아들을 부인하는 그가 적그리스도니.

요한이서 1:7 미혹하는 자가 세상에 많이 나왔나니 이는 예수 그리스도께서 육체로 오심을 부인하는 자라 이런 자가 미혹하는 자요 적그리스도니.

3) __________라고 자처하기도 하며, 여러 가지 신기한 일을 행하기도 한다(막 13:21-22).

마가복음 13:21-22 [21] 그때에 어떤 사람이 너희에게 말하되 보라 그리스도가 여기 있다 보라 저기 있다 하여도 믿지 말라 [22] 거짓 그리스도들과 거짓 선지자들이 일어나서 이적과 기사를 행하여 할 수만 있으면 택하신 자들을 미혹하려 하리라.

4) 종말의 __________가 가까웠다고 지나치게 강조하며 미혹한다(눅 21:8).

누가복음 21:8 이르시되 미혹을 받지 않도록 주의하라 많은 사람이 내 이름으로 와서 이르되 내가 그라 하며 때가 가까이 왔다 하겠으나 그들을 따르지 말라.

5) 바른 말씀에 기초한 믿음에서 떠나 어떤 종교적 __________으로 구원을 얻을 수 있다고 주장한다(딤전 4:1-3).

디모데전서 4:1-3 [1] 그러나 성령이 밝히 말씀하시기를 후일에 어떤 사람들이 믿음에서 떠나 미혹하는 영과 귀신의 가르침을 따르리라 하셨으니 [2] 자기 양심이 화인을 맞아서 외식함으로 거짓말하는 자들이라 [3] 혼인을 금하고 어떤 음식물은 먹지 말라고 할 터이나 음식물은 하나님이 지으신 바니 믿는 자들과 진리를 아는 자들이 감사함으로 받을 것이니라.

6) 항상 배우지만 오히려 __________에 빠진다(딤후 3:6-7).

디모데후서 3:6-7 [6] 그들 중에 남의 집에 가만히 들어가 어리석은 여자를 유인하는 자들이 있으니 그 여자는 죄를 중히 지고 여러 가지 욕심에 끌린바 되어 [7] 항상 배우나 끝내 진리의 지식에 이를 수 없느니라.

2. 이단에 대해 우리는 어떤 자세를 가져야 합니까?(요일 4:6, 딛 3:10)

요한일서 4:6 우리는 하나님께 속하였으니 하나님을 아는 자는 우리의 말을 듣고 하나님께 속하지 아니한 자는 우리의 말을 듣지 아니하나니 진리의 영과 미혹의 영을 이로써 아느니라.

디도서 3:10 이단에 속한 사람을 한두 번 훈계한 후에 멀리하라.

핵심만 콕콕!

이단은 성경을 제멋대로 풀어 가르치는 거짓 집단으로서 예수님을 부인하거나 자처하거나 신기한 일로 사람들을 미혹하기도 합니다. 종말을 예고하거나 잘못 가르쳐 불안감을 조성하고, 예수님 외 다른 방법으로 구원 받는다고 가르치기도 합니다. 거짓 가르침 속에 있어 열심을 낼수록 더욱 죄에 빠지게 하는 이단을 말씀으로 지혜롭게 분별해야 합니다.

OPEN LIFE 오픈라이프

나눔 사람들이 왜 이단에 빠지는 걸까요?

실천 아래의 사이트를 참조하여 이단과 관련된 글들을 읽어보세요.

〈현대종교〉 - http://www.hdjongkyo.co.kr/

〈교회와 신앙〉 - http://www.amennews.com/

하나님의 말씀을 잘 배워서 잘못된 가르침을 분별하고 이단의 미혹에 빠지지 않게 도와주세요. 거짓 진리에 빠져 헤매는 영혼들을 불쌍히 여기시고 그들에게 돌아올 수 있는 은혜를 베풀어주세요.

MEMO

KIWY 청소년 성경공부 교재

우리 아이들을 하나님나라의 영향력 있는 다음세대로 세우는 짱짱한 3년 공과교육 과정!

교리탐구, 경건생활, 사회생활, 인물탐구 네 분야를 1년 48주에 걸쳐 3년 동안 교육하도록 구성되어 있습니다(각 권 12주 과정).

학생용 교재의 다채롭고 재밌는 구성과 교사용 교재의 깊이 있고 친절한 설명과 팁을 만나보세요!

중고등부 사역자와 교사들이 말한다 >>>

· 그리스도인이 갖춰야 할 진리와 신앙 태도를 잘 정리된 커리큘럼으로 전달하게 해줍니다.

· 사역자로서 말씀을 준비하는 데도 도움이 됩니다. 매일 조금씩 묵상하고 있습니다.

· 학생들의 눈높이에 맞아서 좋습니다.

· 창조, 인간, 타락, 구원 등 가장 중요한 교리부터 시작해서 좋습니다. 어려울 수 있는 내용을 쉽게 전달하기 위해 노력한 흔적들이 많이 있습니다.

· 분량이 짧은 시간에 소화하기에 무리 없고, 성경 말씀이 밑에 첨부되어 있어 좋습니다.

· 도입 부분이 본 내용과 잘 연결되도록 논리적으로 구성되어 있는 동시에 참신함을 놓치지 않고 있습니다.

· 간단하고 명쾌하며 재미있게 풀어가고 있는 책입니다. 할수록 참 괜찮다는 생각이 듭니다.

· 사춘기 아이들이 그리스도인으로서의 행동의 의미와 가치관 형성 문제를 고민해볼 수 있는 주제들이 참 좋았습니다.

· 학생들이 만화에 흥미를 보입니다. 공란도 잘 활용하고 있습니다.

· 성경의 인물들을 구약과 신약의 관점을 비교해서 제시해주는 연결고리가 탁월하다고 생각합니다. 적용점을 찾을 수 있는 활동 프로그램도 도움이 많이 됩니다.

시즌 원.투.쓰리

Season One

[1권 교리탐구]
하나님과 믿음의 교제 시작하기
[2권 경건생활]
하나님 안에서 먹고 기도하고 사랑하기
[3권 사회생활]
하나님과 함께 세상 속으로 들어가기
[4권 인물탐구-구약]
하나님의 사람 제대로 따라잡기

Season Two

[1권 교리탐구]
하나님께 드리는 나의 신앙고백, 사도신경
[2권 경건생활]
하나님이 내 마음에 새겨주신 명령, 십계명
[3권 사회생활]
예수님이 내게 가르쳐주신 기도, 주기도문
[4권 인물탐구-구약]
하나님의 사람 단박에 따라잡기

Season Three

[1권 교리탐구 플러스]
하나님과 믿음의 교제 다져가기
[2권 경건생활 플러스]
하나님 안에서 건강하게 자라가기
[3권 사회생활 플러스]
하나님과 함께 세상 속에서 바로서기
[4권 인물탐구-신약]
하나님의 사람 알차게 따라잡기

저.자.소.개.

■ 주 집필

이재욱 목사
서울 대방중앙교회 담임, 유스코스타(Youth KOSTA) 강사, 다.세.연. 멘토, 「수련회 카운터펀치를 날리다」(BIM), 「중고등부, 2년 안에 성장할 수 있다」, 「교사를 다시 일으켜 세우는 5가지 힘」, 「부족해도 괜찮아」, 「내 주인의 정원」(이하 좋은씨앗) 저자. cteen@hanmail.net

■ 객원 집필

김용철 목사
서울 신당중앙교회 중고등교육팀

문근식 목사
용인 성서교회 청소년부, 「어? 되네! 청소년 전도」(좋은씨앗) 저자

박건용 목사
서울 대방중앙교회 교육 디렉터, 전 조코재미 PD, BIM 멀티미디어 팀장

이영표 목사
인천 수봉산교회 중등부